圖書在版編目（ＣＩＰ）數據

錢唐西湖百詠 / (宋) 郭祥正撰 . 錢塘百詠 / (清) 楊象濟撰 .—北京 : 國家圖書館出版社 , 2023.8

(錢塘文庫)

ISBN 978-7-5013-7664-3

Ⅰ . ①錢… ②錢… Ⅱ . ①郭… ②楊… Ⅲ . ①古典詩歌—詩集—中國 Ⅳ . ① I222.72

中國國家版本館 CIP 數據核字 (2023) 第 059879 號

國家圖書館出版社
官方微信

書　名	錢唐西湖百詠　錢塘百詠（一函二册）
著　者	(宋) 郭祥正　(清) 楊象濟　撰
叢 書 名	錢塘文庫
叢書著者	浙江財經大學宋韵文化研究中心 編 周保欣　和 溪　主编
責任編輯	黄 鑫
出版發行	國家圖書館出版社（北京市西城區文津街 7 號 100034 ） （原書目文獻出版社　北京圖書館出版社） 010-66114536 63802249 nlcpress@nlc.cn(郵購)
網　址	http://www.nlcpress.com
排　版	揚州文津閣古籍印務有限公司
印　裝	揚州文津閣古籍印務有限公司
版次印次	2023 年 8 月第 1 版　2023 年 8 月第 1 次印刷
開　本	250 × 156　1/8
印　張	6.625
書　號	ISBN 978-7-5013-7664-3
定　價	380.00 圓

錢唐西湖百詠
錢塘百詠

(宋) 郭祥正
(清) 楊象濟　撰

國家圖書館出版社

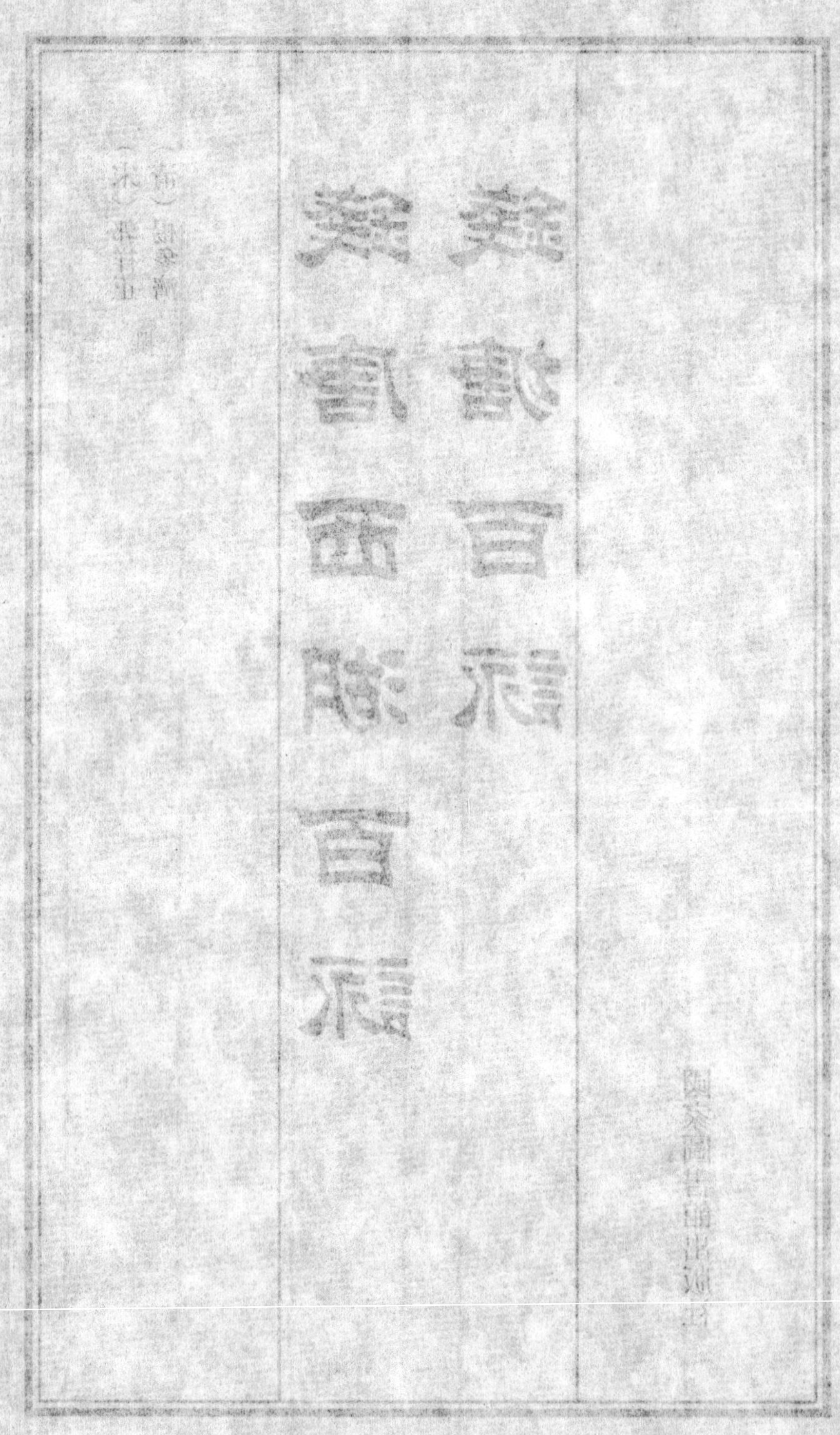

序言

錢塘之名，歷史悠久。《史記》記載，秦始皇曾『渡海渚，過丹陽，至錢唐，臨浙江』。秦設錢唐縣，屬會稽郡，即今杭州前身。南朝陳禎明元年（五八七），一度設置錢唐郡。隋初，廢郡設杭州，下轄錢唐等六縣，大業初改爲餘杭郡。唐以後，漸稱『錢塘』。明田汝成《西湖遊覽志餘》：『錢塘之名，劉道真云：「唐元和中，功曹華信議立此唐，以防海水，募有能致土一斛者與千錢，來者雲集。俄云不復用矣，民皆弃去，而唐成，故名錢唐。」《世說》又云：「晋時沈姓者令錢唐，詭民致土築唐，而錢實不給。至唐時，避國號，加土於唐，改稱錢塘。」』宋趙彦衛《雲麓漫鈔》則謂：『自前古以來，居人築塘以備錢湖之水，故曰錢塘。』清何焯言：『錢唐，自秦有此名。以唐爲塘，乃俗字耳。』錢塘地理沿革和名稱變化較大。一九一二年，仁和縣與錢塘縣合并爲杭縣，錢塘這一名稱從行政區劃中淡出。二〇二一年，杭州市區劃調整，新成立了錢塘區。

錢塘自古繁華。杭州四季分明，水網密布，地處長江三角洲核心區域，爲江南魚米之鄉、物華天寶之地。杭州良渚文化是中華文明的重要起源地之一。二〇〇三年七月十六日，時任中共浙江省委書記習近平赴良渚調研并作出

重要指示：『良渚遺址是實證中華五千年文明史的聖地，是不可多得的寶貴財富，我們必須把它保護好。』隋唐時期，水稻成爲太湖平原的主要糧食作物，農業生産迅速發展，一度出現了所謂『賦出天下，而江南居十九』的盛況。五代時期，吴越王錢鏐築捍海塘，留下了『仰天誓江』『强弩射潮』的豪壯傳説。吴越國大力修整水利，興建塘堤，擴大杭城，獎勵農桑，極大地促進了杭州社會經濟的發展，有『地方千里，帶甲十萬，鑄山煮海，象犀、珠玉之富，甲於天下』的美譽。錢弘俶納土歸宋，避免戰亂，杭州民生經濟進一步欣欣向榮。正如宋柳永所描繪：『東南形勝，

三吴都會，錢塘自古繁華。』南宋遷都臨安，使杭州成爲經濟、政治、文化中心，人口密集，富庶繁華。秦漢時期的錢唐縣，不過數萬人口，到了宋代，『杭州人烟稠密，城内外不下數十萬户，百十萬口』。宋元時期，江南地區水稻平均畝産達到二石，每年還有大量的糧食可用來釀酒。據《元史》記載，大德年間，『杭州一郡，岁以酒糜米麥二十八萬石』。明代，杭州郊野『田疇萬頃，一望無際。春時桑林麥隴高下競秀，風摇碧浪層層』。

『錢塘江頭駐龍馬，西湖風光甲天下』。杭州物阜民豐，地靈人杰。在這方美麗富饒的土地上，孕育出無數碩

彦名賢。正如《夢粱録》所言：『杭州湖光山色之秀，鍾爲人物，所以清奇杰特，爲天下冠。』三國時期東吴名將全琮、唐代書法家褚遂良、宋代數學家楊輝、清代文學家袁枚，都是古代錢塘的聞人。他們或揮毫舞墨，或著書立説，爲後人留下了豐富且寶貴的文化遺産。南宋袁韶曾撰《錢塘先賢傳贊》，表彰數十位錢塘耆舊先賢的事迹。清同治光緒年間，著名藏書家丁丙編刻《武林往哲遺著》前編三百一十四卷、後編一百三十六卷，收録自唐至明的杭人著作六十種，又輯刻《西泠五布衣遺著》二十六卷，收録清中期杭州藝壇五位名宿吴穎芳、丁敬、金農、魏之琇、奚岡之詩文集。光緒年間，吴慶坻編撰《杭州藝文志》十卷，著録漢魏至清代杭人著述六千五百餘種。

『回首錢唐江上月，夜深誰與賦招魂？』錢塘作爲杭州古稱常被後人使用，但以錢塘爲名，專門搜集彙刊地方文獻的叢書却鮮有所見。二〇二二年，浙江財經大學與杭州市錢塘區聯合成立宋韵文化研究中心。《錢塘文庫》係由宋韵文化研究中心組織專門力量，搜集影印、校勘整理版本珍貴、文化價值突出的古代錢塘名賢著述的叢書，擬分批推出系列成果。叢書將系統梳理錢塘文獻，傳承弘揚錢塘文化，凝聚鑄造特色鮮明的錢塘文化標識，承先哲之

精韵，顯錢塘之風采，助文化之傳播，供學術之研習。

《錢塘文庫》編委會

二〇二三年七月

精神，賡續敦煌之風采，助文化之傳播，促學術之研習。

《敦煌文庫》編委會

二〇二三年七月

《錢塘文庫》編委會

錢唐西湖百詠

（宋）郭祥正 撰

據清光緒錢塘丁氏嘉惠堂刻《武林掌故叢編》本影印原書版框高十七厘米寬十一點二厘米

錢唐西湖百詠

光緒六年嘉平月武林丁氏刊

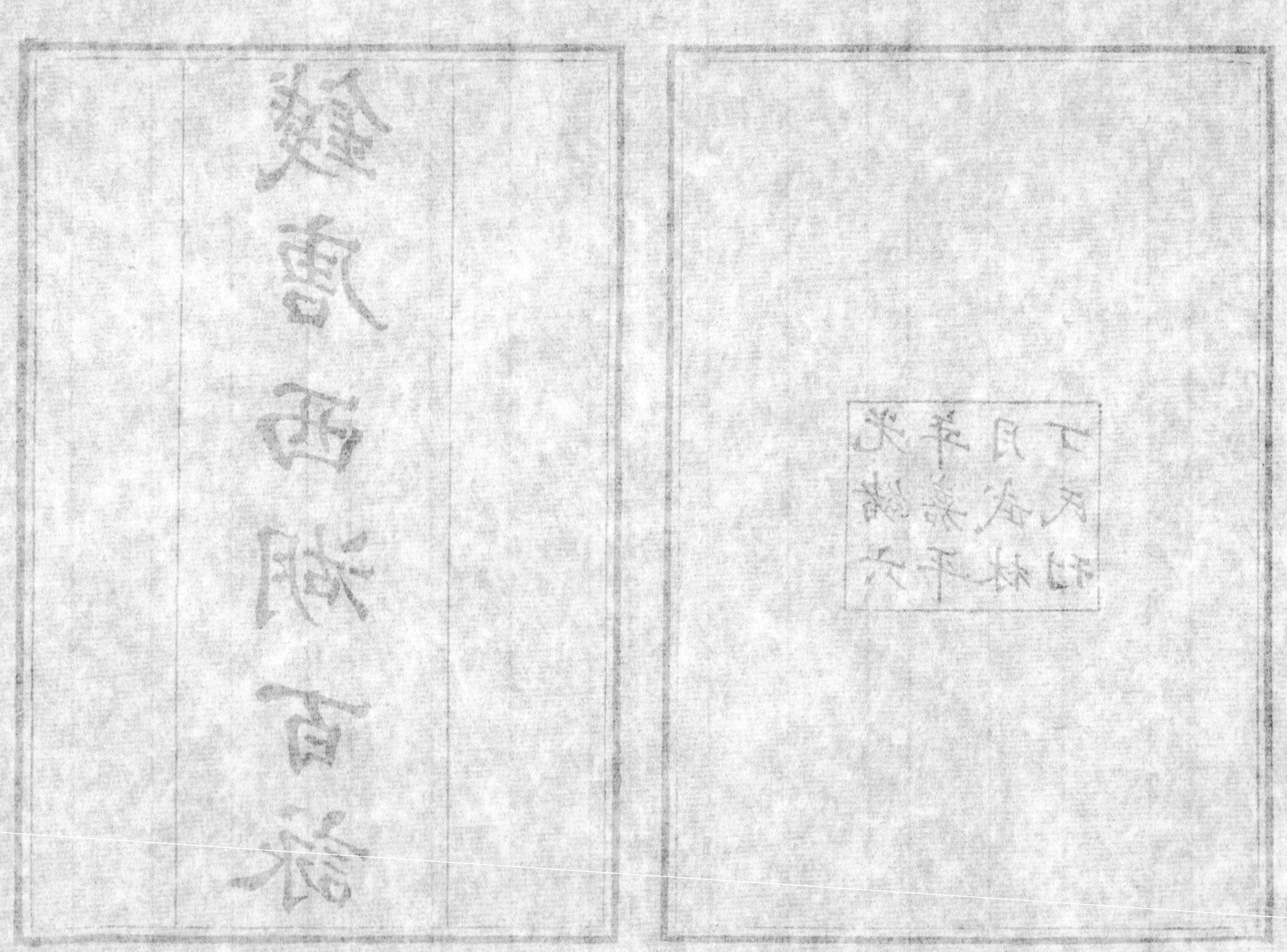
錢唐西湖百詠

錢唐西湖百詠

當塗郭祥正青山著

和楊公濟蟠作

湖堂

宴啟簪纓集堂開錦繡重舞娥臨短岸天影襯芙蓉

湧金池

衆沼皆涵碧斯池獨湧金寶光中夜見不是月華深

柳洲

春光湖水滿春色柳洲深莫作風中綫條條繫客心

新徑

使君開小徑斜繞碧城隈只欲通花縣春風幾度來

看經樓

樓下水連天樓居即水仙何須把黃卷極目盡紅蓮

白公石函

開函測深淺啟閉以時均欲識白公惠堂堂勒翠珉

秦王纜船石

秦王昔觀海此石繫樓船錦纜已無迹蒼苔昏野烟

十三間樓

危樓插湖腳紺碧十三間待月客無寐看山僧自閒

水仙廟

丹青嚴像貌藻荇薦杯盤月掩廟門靜龍蛇蟄夜寒

寶叔塔

寶叔存遺塔影搖湖水光層層仙露溼苔蘚自生香

巾子山

嵯峨插天頂寒翠灑湖光吟客搖船子猶疑漉酒香

寶雲庵

有客學無心庵雲結寶陰松風深夜起時作老龍吟

林和靖橋

不作市朝客甘爲漁釣翁柴門危徑斷猶喜一橋通

巢居閣

小閣臨僧塢容身慕鶴巢乾坤隨俯仰君相不容交

白公竹閣

竹閣公所愛延僧酌夜茶漁歌天外起何似聽琵琶

孤山

塵寰千嶂合月窟一峰孤欲識僧歸處飄然八寶珠

辟支塔

崔嵬辟支塔舒卷半腰雲知是藏眞骨靈光玉色紛

陳朝檜

歲老枝葉簡春深香氣新可憐湖上檜曾識井中人

贊甯僧錄房

王文誥

兩澗飛來處雲深合一橋更無岐路別從此入烟霄

合澗橋

沿湖九里松行客憶黃公不識炎天熱門深太古風

松門

遠近皆僧剎西村八九家得魚無賣處沽酒入蘆花

西村

高僧何伏虎骨瘞兩三層不遣白雲護游人取次登

高僧塔

人去泉長在人忙泉自閒不作魚鳥飲只是照青山

閒泉

往來中庸子亭標放鶴名我來何所得襟袖水風清

放鶴亭

閻器為楷模中庸孰可名一邱春草色兩樹野松聲

閻器墳

坡頂放光發人來雨後尋山藏元不寶君莫起貪心

瑪瑙坡

泉脈應通海沙痕細金成仙丹未必一酌洗煩心

金沙井

有道歸眞土無心戀舊居一龕長不滅分付水雲鄉

投壺非有術掣電亦無心月下與誰語雲來自布陰

靈隱浦

有靈何所隱深浦老蒹葭漁父一舟泊卻疑秋漢槎

方外門

方外元無地空中忽有門請君從此入輒莫羨桃源

北高峰

翠出諸峰上湖邊正北看夜深雲霧散獨挂斗杓寒

錢源

至寶豈無源源深人姓錢直須朝海去餘派保千年

呼猿澗

隔澗白猿子呼來驗是眞一從滄海別唬嘯不知春

白雲峰

湖上峰爭碧此峰藏白雲雲光連月色鷗鷺亦迷羣

袁公亭

民樂袁公惠開亭古道邊能將九里碧長與萬人傳

九師堂

爾學五古子緣何繪九師一堂風月澹日用少人知

朱野

梁國衰微後徵君隱逸時至今風味在試聽野猿悲

葛塢

二葛繼成仙猶存鍊丹處有時化鶴來徘徊不知去

石橋

橋下無懸瀑橋邊多綠苔跨空纔一丈何處特飛來

朱崖

彤霞貫來久赤石異諸崖月照夜光發風生雲霧埋

青壁檻

仙家青壁檻未見靈花發我欲提碧壺來斯挹明月

渦渚東嶼

小嶼春歸後青浦渦渚東日高魚鳥散烟澹一林風

許先生書堂

丹井光長在空堂貌亦存鄰僧深夜磬時復與招魂

石門澗

啟閉何人見湍流一澗分仙家無路入空鑠石樓雲

臥龍石

龍臥蒼山下豈知今古春不憂雷雨作頭角本非眞

連嵓棧

鳥道出雲巔雲深春更鮮游人莫嗟險一棧與嵓連

伏龍澗

潭心有伏龍急湍和雲濺頭角何時成願借風雷便

西庵 藤州契嵩禪師舊棲

釋子能儒言迥出惠遠上庵中閱遺編光焰高萬丈

楓樹林

一塢藏深林楓葉翻蜀錦寄語別家人路遙霜霰凜

卧犀泉

有角翻害身沈泉避刀剸故依金地慈非憚滄溟遠

青截嵒

青帝留行迹嵒前春不歸盡從霜與雪君看碧依依

醴泉（大麻中出）

不爲太平出胡爲名醴泉兵戈方滿眼聊以慰凶年

西塢漾

漫漫西塢漾青山秀菰蒲源淺不通海光寒稍映湖

白沙泉

幽泉出白沙流傍野僧家欲試甘香味須烹石鼎茶

楊梅石門

顆顆龍睛赤深深映石門自憐非荔子不得薦堯閽

西溪

西溪在湖外一派濯殘陽游子能漁艇卻愁歸山長

見山亭

游子一憑欄遍看湖上山不須飛鳥去已在畫屏間

神尼塔

神尼鑿一塔杳在碧雲端舍利夜光現君須正眼觀

韜光庵

逢人寂無語結草自棲禪但見巖花笑厖眉不記年

香林洞

幽香來近遠此洞接蟾宮欲借飛翰去聊乘桂子風

天竺峰

誰從天竺國分得一峰來占盡湖山秀最宜烟雨開

鍊丹井

欲息丹中火須沈井底泉何如栽杏實亦解上青天

香桂林

根託山中地香分月裏秋游人莫攀折風散一嵓幽

重榮檜

人老不重少檜枯還復榮何時逢匠石今日棟梁成

龍泓洞

洞口無凡木陰森夏亦寒誰知一泓水曾有老龍蟠

理公嵓

晉代胡僧理開山第一人欲尋嵓下迹猿鳥送餘春

客兒亭

翻經人已去誰爲立幽亭一望野雲白半藏山骨青

石蓮華峰

亭亭碧蓮華何年花爲石越女莫驚猜嵓猿自相識

翻經臺

盥手天池水熏毫海渚香翻成多少帙臺石尚輝光

葛仙丹竈

丹成竈猶在夜氣接湖雲仙路何由問刀圭幸見分

稽留峰

孤峰出天外客到亦稽留不覺月華晩澗猿嘯更愁

流杯亭

斵石引溪水杯行自勸人試聽林下鳥嘯血不留春

望海閣

客望海中日窗開物外山天形垂欲盡飛鳥不知還

東岡塔

崒堵藏眞骨東岡氣象殊烟雲掃不盡苔蘚一痕無

西嶺草堂

應識游塵世湖邊一松堂松聲半夜雨花氣四時香

葛公石徑

誰來躡高步幽徑已荒涼落葉無人掃哀猿空斷腸

靈石山

靈石山前路山深寺更深不知明月去空惜白雲沈

靈石西庵

欲問庵中事人馴虎亦馴楊梅幾番熟誰爲惜餘春

南高峰

岌岌穿南斗層層瞰下方揭爲湖海鎮半夜挂朝陽

暗竹園

篁竹無人洗烟雲暗不開網羅無入處豺虎莫驚猜

夏珠泉

入夏泉嘗濫光跳萬斛珠世人收得去此景已應無

烟霞洞

玉像存深洞烟霞分外多焚香千騎入猿鳥不經過

大慈塢

十刹密相望林開一塢香木魚聲漸急山衲下雲房

虎跑泉

未見虎跑蹟窺泉試一吟遺珠僧不取密竹助泉深

翠樾堂

深堂待游客老木競留春花發多臨水雲開始見人

陟崖門

陟彼崖上門門深路還絶香草遞仙風怪林藏古雪

步月徑

一步復一步月華黏屐齒不知山徑深疑到蟾宮裏

夏涼泉

六月想氷雪此泉淸且深相如方病渴榰杖故來尋

淸隱閣

閣近山中寺誰爲淸隱人移文招不得騎馬入紅塵

樵歌嶺

嶺下聽樵歌歌聲雲外過盡窮斤斧力不道得樵多

華嚴塔

講盡華嚴偈攝衣辭世塵泉淙死前語玉凝塔中身

映發亭

吳越江分斷山光還映發白鳥東飛來應隨渡江月

楊梅塢

紅實綴青枝爛熳照前塢不及杏繁時林間有仙虎

修竹軒

不作笙簫用開花待鳳凰陰陰一軒裏誰識阮生狂

南屛山

眞山反如假疊徑入雲屛不借湖光洗朝朝潑黛青

長橋

橋短故名長路穿雲水鄉游人欲歸去濯足弄殘陽

慈雲嶺

峻極分南北見湖仍見江游人倦登陟飛鳥自雙雙

淸軒

軒壓冰壺上風生玉宇開客來淸徹骨不待看湖山

西水亭

湖添秋氣淨鳥伴夕陽沈嗚咽城笳起猶忘歸去心

附刻楊公濟原唱

湧金池 見西湖百詠

湧金春色晚吹落碧桃花一片何人得流經十萬家

秦王纜船石 見宋文鑑

色陰常帶雨疑是白雲根欲問東巡事今猶不敢言

巾子山 見咸淳臨安志一作金輪梵天院

首出羣山内晴窗幾處看不須風雨折開檻滿溪寒

巢居閣 見淳祐臨安志

昔日巢居客今爲天上仙文章流海内几杖葬山前

孤山 同上

裊裊雲中路滄波四面開詩人吟不得喚作小蓬萊

辟支塔 見成化杭州府志

佛心隨處見層出更分明不用催鐙火天高月自生

陳朝檜 見咸淳臨安志一作柏堂

零落雪霜後猶含千載春一株化爲石誰是種時人

金沙井 見淳祐臨安志

細細沙痕落流金在井泉山人邀我飲化骨共爲仙

碼碯坡同上

石徑生光怪傳流碼碯坡天人曾布地此物至今多

西村見萬厤浙江通志一作西山

雲引踏青客尋山西入城始知圖畫上今日有人行

北高峰見靈隱寺志

杳杳孤峰上寒雲帶遠城不知山下雨奎斗自分明

呼猿澗見成化杭州府志一作呼猿洞

青松懸絕澗日夜白猿吟掌握多相就安知世上心

白雲峰見淳祐臨安志

萬頃田間雨多從頂上生野人猶不足常擬鑿爲平

九師堂見輿地紀勝

易道已南矣清風今尚寒山人空再拜不識漢衣冠

朱野見淳祐臨安志一作朱墅

白雲今不去惆悵昔人非葉落風前響猶疑踏雪歸

葛塢同上

此塢久無色何年朝太眞曉耕雲下路猶恐是仙民

石橋同上

突兀臨飛鳥溪僧慣往來雲山多樂處且入小天台

臥龍石同上

歲旱須神物皆疑石有名臥龍今不起長負澤邊情

連嵓棧同上

岌岌青松外安知鳥翼孤寒猿三叫罷便是蜀州圖

伏龍灘同上

靜久波濤散溪深湧亂絲悠悠山下客將見水停時

楓樹林見成化杭州府志一作楓木塢

太平雲外客行採老山中莫歎秋霜早君看世上楓

青截嵓見淳祐臨安志一作青林嵓

鳥外無行迹寒林引薜蘿山中僧已老不信雪霜多

白沙泉見夢粱錄

不見泉來穴沙平落細聲夜高寒月漾銀漢太分明

溪見西湖志

爲愛西溪好長憂溪水窮山源春更落散入埜田中

韜光庵見靈隱寺志

寂寂階前草春深鹿自耕老僧垂白髮山下不知名

香林洞見淳祐臨安志

百年樵斧外留得掛寒猿不柰西溪水流香出洞門

天竺峰同上一作飛來峰

飛來天竺遠山秀已含春不遇名僧識千年豈有神

龍泓洞同上

六月千里旱偷泉心亦卑不煩山老祝神物久無思

理公嵓 同上

日月嵓前烏秋來不復聞達人今已化名繫此山雲

客兒亭 見靈隱寺志

昔日林間興風流謝客兒春山花又發不見屐來時

東岡塔 同上

東岡人不識野寺在樵漁落葉年年滿春風爲掃除

靈石山 見淳祐臨安志

石砛雲長掛林寒鳥未棲青松花自發不使後人迷

南高峯 見靈隱寺志一作南高峯塔

日氣層層秀連山萬丈孤崔嵬天上影一半入江湖

樵歌嶺 見淳祐臨安志

衣冠仁義少敢忽嶺邊人亦恐修榮達行歌自負薪

楊梅塢 見成化杭州府志

夏日紅相照天晴塢自開襄陽多稚子摘贈故人來

南屏山 見淳祐臨安志

日落遊人散山寒起樹聲玲瓏石上穴處處有雲生

長橋 同上

皎皎冰壺裏天寒六月風水仙來往處三島忽相通

慈雲嶺 同上

落日愁飛雨雲中一綫明西湖將盡處忽見大江橫

華嚴塔見大典輯出清祐臨安志

石下有靈骨千年生玉芝山神每藏護不使世人知

保叔塔同上

寂寥千古事今日有誰登落日雲間合空中露幾層

翠樾堂同上

野鳥久不去清風長迎人山間豈有麻衹見四時春

公濟百詠失傳已久南宋雜事詩所引書目亦非實有其書也余錄青山百詩竟徧輯原唱僅四十一首附卷尾略見其概儻異日全豹得窺起雙鬟玉笛低唱於孤山林落間元祐淸風彷彿遇之當更快耳光緒庚辰重午丁午識